A CORAGEM DE SER
RESPONSÁVEL

Coleção Vida Plena

- *A chave para a felicidade*
  Adriana Fregonese, Lilian Hsu, Cátia Monari
- *A coragem de ser responsável: descubra se você é reativo ou proativo, omisso ou comprometido*
  Carlos Afonso Schmitt
- *A força interior em ação*
  Abel Brito e Silva
- *Aprendendo a viver: caminhos para a realização plena*
  José Manuel Moran
- *Forças para viver: palavras de ânimo para quem sofre na alma e no corpo*
  Carlos Afonso Schmitt
- *Na esperança do reencontro: para quem está de luto e deseja superar as lágrimas*
  Carlos Afonso Schmitt
- *O gosto das pequenas vitórias: como vencer os medos que nos afligem diariamente*
  Carlos Afonso Schmitt
- *O poder da superação: como recuperar a saúde e viver de bem com a vida*
  Carlos Afonso Schmitt
- *O segredo da longevidade: sonhos e desafios para manter-se ativo e saudável em qualquer idade*
  Carlos Afonso Schmitt
- *Um hino à alegria: dos males da tristeza aos cânticos da vida*
  Carlos Afonso Schmitt
- *Um novo jeito de vencer a depressão: a cura possível através da terapia holística*
  Carlos Afonso Schmitt
- *Viver com paixão!*
  Valerio Albisetti

CARLOS AFONSO SCHMITT

A CORAGEM DE SER RESPONSÁVEL

Descubra se você é reativo ou proativo,
omisso ou comprometido

Paulinas

Dados Internacionais de Catalogação na Publicação (CIP)
(Câmara Brasileira do Livro, SP, Brasil)

Schmitt, Carlos Afonso
 A coragem de ser responsável : descubra se você é reativo ou proativo, omisso ou comprometido / Carlos Afonso Schmitt. – São Paulo : Paulinas, 2012. – (Coleção vida plena)

ISBN 978-85-356-3308-5

1. Conduta de vida 2. Decisões 3. Fé 4. Responsabilidade I. Título. II. Série.

12-10609 CDD-158.1

Índice para catálogo sistemático:
1. Responsabilidade : Psicologia aplicada 158.1

Direção-geral:
Bernadete Boff

Editora responsável:
Andréia Schweitzer

Copidesque:
Ana Cecilia Mari

Coordenação de revisão:
Marina Mendonça

Revisão:
Marina Siqueira

Gerente de produção:
Felício Calegaro Neto

Assistente de arte:
Ana Karina Rodrigues Caetano

Projeto gráfico de capa e miolo:
Telma Custódio

Nenhuma parte desta obra poderá ser reproduzida ou transmitida por qualquer forma e/ou quaisquer meios (eletrônico ou mecânico, incluindo fotocópia e gravação) ou arquivada em qualquer sistema ou banco de dados sem permissão escrita da Editora. Direitos reservados.

Paulinas

Rua Dona Inácia Uchoa, 62
04110-020 – São Paulo – SP (Brasil)
Tel.: (11) 2125-3500
http://www.paulinas.org.br – editora@paulinas.com.br
Telemarketing e SAC: 0800-7010081
© Pia Sociedade Filhas de São Paulo – São Paulo, 2012

Introdução

A história da vida humana faz-se por etapas. *Ser responsável é algo que se aprende*. Entretanto, ter a coragem de sê-lo nos momentos mais difíceis de nossa trajetória, sem dúvida, é um dos aprendizados mais importantes. É um caminho longo, árduo e bonito.

- *Longo*, porque é lapidando, polindo, tirando as arestas que, aos poucos, vamos construindo nossa personalidade.

- *Árduo*, porque exige determinação, disciplina e coragem. Por vezes, o aprendizado é difícil, penoso e doloroso.

- *Bonito*, porque a vida adquire sentido e valor à medida que a proatividade é conscientemente assumida e integralmente posta em prática.

A coragem de ser responsável é um convite que agora chega até você. O que fará com ele, é escolha sua. Não importa o que fizer: sempre estará escolhendo. A escolha de ser responsável ou não – reativo ou proativo: é disso que depende a realização de sua vida.

Coragem não é ausência de medo.
É a capacidade de agir – agir com o coração –,
mesmo tendo medo.
É assumir, mesmo correndo riscos.
É responsabilizar-se, mesmo sendo difícil.
É ter fé, amor e ousadia, mesmo que os problemas cresçam.
É construção de vida: a melhor que você merece.

1. Nossos medos, nossas fugas

Duas forças poderosas e antagônicas agem constantemente em nós desde o momento em que nascemos. Elas nos são transmitidas através de heranças psicogenéticas ou de propriedades anímicas que nos acompanham desde o ventre materno. Os estudiosos não conseguiram, até hoje, desvendar sua origem ou compreender profundamente seu sentido. Essas forças misteriosas movem nossa vida e sem elas tudo ficaria sem cor e monótono. Estou falando do *medo* e do *amor*.

- *Do medo*, que se traduz em todo tipo de insegurança, timidez, ansiedade, pessimismo diante dos desafios da vida.

- *Do amor*, com todos os significados que essa palavra encerra, tanto em termos de afeto e solidariedade quanto de fé, coragem e otimismo perante as escolhas ou imperativos que a existência humana requer.

Viver pode ser encarado ou sentido como um desafio, uma aventura, ou ainda como um constante perigo a ser superado.

Também pode ser visto como uma alegria, pelo simples fato de se estar partilhando da grande família humana.

Pode ainda representar uma dádiva, uma oportunidade de crescer, evoluir, amar e ser amado, viver em comunhão, ajudar os outros a tornarem-se felizes.

A *interpretação que você faz dos fatos*, com base nos valores de vida que alimenta, irá determinar o quanto é doloroso ou bom viver.

A sociedade em que vivemos hoje, desintegrada por inúmeros contravalores – e muitas vezes sem ética nem moral –, provoca, em crianças, jovens ou adultos, o crescimento do medo, fazendo com que ele se avolume como forma instintiva de proteção.

Nossos medos falam mais alto que a voz da coragem ou dos compromissos que nos aguardam. E, para salvaguardar-nos, tentamos escapar.

Sempre que julgamos necessário e possível, fugimos. E nossas fugas nos impedem de assumir plenamente as responsabilidades que a vida exige, mesmo que inicialmente assim o quiséssemos. Sentimo-nos fracos e desprotegidos, temerosos e impotentes.

Assumir – mesmo quando nossa integridade não corre perigo – é bem mais difícil que evitar, dessa forma, ficar em casa, cruzar os braços; acomodar-se na mesmice de sempre é, para muitos, bem mais convidativo. Mas acaba sendo bastante frustrante também.

Ainda assim, *o medo de ser integralmente responsável* e assumir os contratempos que o dia a dia apresenta é, vez por outra, mais forte e paralisante que a vontade ou mesmo a necessidade de agir.

E a conclusão a que muitos chegam é simples: *viver é difícil; e perigoso.*

Lamentavelmente temos de concordar, pois, na situação em que muitos se encontram, a vida é percebida exatamente assim.

Mas eis que surge, então, a *fé* e a *coragem* e, sabendo-nos frágeis e inseguros, elas nos estendem suas mãos poderosas e amparam as nossas fraquezas.

Assim, fortificamo-nos em Deus e prosseguimos. Sentimos que ainda *vale a pena viver*, mesmo que tenhamos medo...

2. As respostas que a vida exige

Responsabilidade significa capacidade de "dar respostas". E logo uma pergunta se impõe: *Respostas a quem e a respeito de quê?*

Respostas à vida:

- Como você a vive?
- Como você a respeita?
- Como você a dignifica?
- Como você a preserva?
- Como você a transmite?

Respostas a você mesmo:

- Como incrementa sua autoestima?
- Como cuida de sua saúde?
- Como assume seus compromissos?
- Como promove seu bem-estar?

Respostas à sociedade:

- Você se sente parte de um todo?
- Você se considera um cidadão?
- Você participa da comunidade?

Respostas a Deus:

- Você é uma pessoa de fé?
- Sabe que Deus lhe deu uma missão?
- Entende que há muitas pessoas que precisam de ajuda?
- Vê o mundo como uma "aldeia global", onde *um* é por todos e *todos* por um?

Respostas que ajudem a promover a justiça social:

- Reconhece que é preciso fazer a *inclusão* dos mais pobres e necessitados, para que possam viver dignamente?
- Sabe da necessidade de que se *instale a paz e a igualdade*, pondo fim às guerras e à fome, que matam milhões?

Sim, você tem respostas urgentes a serem dadas. Solte sua voz e liberte o profeta que mora em você. Propague aos quatro ventos sua mensagem, sem medo de ser molestado. Ninguém poderá calar sua voz, porque ela fala do essencial: *fala do amor, da responsabilidade de ser plenamente humano, uma vez que você é plenamente divino.*

Profetize sem temor nem meias verdades. O tempo urge. É preciso falar e, mais do que nunca, agir. Não podemos mais ficar calados, pois com isso corremos o risco de comprometer seriamente nossa missão profética.

– Falta-nos fé?

– Falta-nos coragem?

– Falta-nos senso crítico?

– Falta-nos responsabilidade social?

Se a missão que nos cabe, como dignos discípulos do Mestre, que viveu profetizando, é a de sermos também testemunhas da *mudança de mentalidade* que ele pregou, cabe-nos agora profetizar e responder

- com uma vida mais plena, à insatisfação existencial que aflige milhões de homens e mulheres;
- com alegria e otimismo, à multidão de desolados e pessimistas que se queixam da vida;
- com ousadia e fé, aos milhares de sonhadores frustrados que maldizem a sorte, por serem incapazes de criá-la;
- com participação comunitária e promoção humana, aos inúmeros e angustiados apelos que emergem de todos os recantos do planeta.

ASSUMIR é encontrar, com nossa presença ativa e dinâmica, as respostas que a vida exige, diante de tantas perguntas inquietantes.

Venha!
Profetize conosco! Responda conosco!
Mais do que nunca, o mundo precisa de profetas.

*A coragem de ser responsável
nos faz sentir felizes e realizados.*

3. Responsabilidade número um

Aprofundemos, com mais detalhes, uma questão mencionada há pouco. Você, amigo leitor, é o responsável número um por toda a nossa reflexão. Merece receber – e consequentemente dar – as melhores e mais acertadas respostas que uma vida saudável e feliz exige.

Cuidar de si mesmo, com todas as diligências que o amor-próprio requer, é a primeira e mais importante resposta que Deus espera de você. Ele colocou em suas mãos "a vida e a morte, a bênção ou a maldição" (Dt 11,26-28), e pediu que escolhesse. Tudo que faz ou deixa de fazer exige uma escolha. Com isso, você produz efeitos negativos ou positivos em sua vida.

– Quem opta pela vida, viverá.

– Quem escolhe a morte, atrairá a morte.

A desgraça, o azar, a maldição... tudo é consequência das escolhas que realizamos. Sorte, prosperidade, bênçãos... são dons de Deus e, utilizando-nos de livre-arbítrio, podemos ou não deles usufruir.

Se você é doente ou saudável, feliz ou melancólico, frustrado ou realizado, pare e reflita:

– O que fez ou está fazendo de sua vida?

– Que valores prioriza?

– Que escolhas, consciente ou inconscientemente, realizou ao longo dos anos?

Responsabilidade número um: VOCÊ. Sua vida, sua autoestima, sua saúde, seu futuro... Você não pode delegar a ninguém a tarefa de cuidar de si mesmo. Muito menos deve culpar os outros por suas frustrações.

É cômodo achar culpados, é cômodo ser vítima. Digno, meritório, altamente elogiável e gratificante é *assumir pessoalmente a construção de sua vida*. Com o controle da obra em suas mãos, tijolo por tijolo, parede por parede, a casa se erguerá sólida. A argamassa de suas ações é cuidadosamente preparada, firme e segura. Você é o construtor mais atencioso e perspicaz que existe. É a *sua vida*, a casa onde o espírito habita que está sendo construída. Dessa maneira, selecione apenas o que for melhor, mais qualificado, mais resistente, mais bonito. Assim, você edifica o que há de mais sagrado aos seus olhos: seu corpo, sua mente, seu espírito que se eleva.

A felicidade é uma conquista *sua*. O ator principal – aquele que assume as funções de maior desempenho e responsabilidade –, para seu orgulho, é *você mesmo*. Todas as outras coisas têm papel secundário.

Ninguém poderá fazê-lo feliz, se você mesmo não buscar aquilo que o torna realizado. Mesmo na relação conjugal, a parceira ou o parceiro apenas "acrescenta". O que acontece aí é uma soma, a alegria de um se junta à do outro, proporcionando sempre mais felicidade.

Sua consciência precisa recordar-lhe constantemente seu maior compromisso: CUIDAR DE SI MESMO. Cuidar com o mesmo desvelo de quem cuida de uma fonte de água cristalina, de um objeto de estimação, de um raro e precioso amor de inestimável valia.

Com certeza, a felicidade virá.
Pois você a cultiva, rega e protege.
A vida apenas responderá a isso.
Parabéns pela escolha!

4. O eterno adiamento

Faz parte da estratégia de vida de muitas pessoas ficar *adiando compromissos*. Em parte é o *comodismo* o responsável por esse traço de personalidade. Essas pessoas detestam esforço, disciplina, horário, dedicação ao trabalho... Assim como levantar cedo, participar de encontros ou reuniões, comprometer-se com funções comunitárias de sua igreja ou bairro. Pois tudo isso requer superação, altruísmo e uma grande dose de boa vontade. E desde quando um indivíduo acomodado dispõe disso?...

Outro responsável pelo "eterno adiamento", em que muitos vão protelando a solução de seus problemas – tanto financeiros quanto amorosos, familiares ou de saúde pessoal –, são os *medos*, pois eles paralisam os pobres e fracos propósitos.

Há também a *falta de entusiasmo* – tão comum a quem não tem sonhos nem ambições que valham a pena –, que diminui ainda mais a vontade de fazer as coisas, mesmo que elas sejam inadiáveis. Enfim, existe sempre uma explicação, uma desculpa que nada justifica. Para quem costuma valer-se delas, tudo está devidamente explicado, legitimado. E nesse interminável empurra-empurra, o tempo passa e tudo fica como está: sem solução.

Portanto, reflita um momento comigo:

– Que benefícios você obtém ao *adiar* o que lhe parece difícil ou insuportável?

– Você é daqueles que só agem sob *pressão*? Quanto de estresse e de desgaste físico e emocional isso lhe acarreta?

– O que lhe acrescenta a atitude de *fugir* ou *esquivar-se* engenhosamente de compromissos que exigem doação e generosidade?

– Em que o fato de *dar ouvidos a seus medos* poderá ajudá-lo, uma vez que isso faz com que eles tenham poder e determinação sobre você, impedindo-o de realizar seus objetivos e mantendo-o encurralado em casa?

– Justificar-se com *mentiras* ou *meias verdades* para não passar vergonha diante dos pais, amigos ou superiores, trará que tipo de vantagens, a longo prazo, para sua vida?

Resolver de uma vez um a um os seus problemas, solucionando os entraves que o prendem ao comodismo, às fugas e aos medos, é o mais correto de todos os procedimentos a serem adotados. O *alívio psicológico* que isso lhe trará é tão gratificante, que todos os esforços despendidos serão recompensados. Você descobrirá, feliz, que a responsabilidade, corajosa e consciente, é uma virtude que o fará progredir.

Desse modo, as oportunidades que a vida lhe oferece para aperfeiçoar sua personalidade serão vistas como bênçãos. Serão momentos de luz e crescimento, mesmo que inicialmente representem sérios desafios.

Para quem é consciente e responsável,
o *hoje* é a certeza de realização.
O amanhã é incerto e distante.
A escolha deve ser feita *agora*.

Fazer é poder.

5. O caminho é longo

Para tornar-se responsável é necessário percorrer um longo caminho. É como estudar: começa-se com as primeiras séries até chegar ao ensino médio e superior, preparando-nos para enfrentar a vida. No início é difícil, mas, aos poucos, a compreensão nos facilita o acesso a maiores informações e nos torna capazes de assimilar lições mais complexas.

A vida é uma permanente escola. E você precisa de certos parâmetros para averiguar se o aprendizado está sendo eficaz. Um longo caminho não se faz sem um bom preparo, sem treino constante, força de vontade e avaliações periódicas.

Vejamos:

- *Quem é fiel nas coisas pequenas, possivelmente também o será nas grandes.* O dia a dia é um bom campo de treinamento, pois as pequenas tarefas o preparam para enfrentar os grandes desafios. Exercite-se aos poucos, e nada de heroísmos que não condigam com seu estado atual.

- *Determinação* é o que lhe dá direção e foco em seus objetivos. Você sabe, com toda certeza, o que deseja alcançar e quais os caminhos a percorrer. Assim, *visualize*, com nítida clareza, os resultados a serem alcançados, *como se já fossem realidade*. Tudo é programado e detalhadamente estabelecido em sua mente.

- *Persistência* é uma virtude indispensável para o sucesso. Ninguém alcança seus objetivos, se as *metas* não forem rigorosamente executadas. Quando você persevera firme e resolutamente, essas metas são cumpridas uma a uma, sem que esmoreça ou se decepcione. Custe o que custar, paga-

-se o preço que os sonhos exigem. Da colheita o tempo se encarrega. Agora, é só aguardar o momento certo.

- *Disciplina* é o outro requisito fundamental na conquista desses sonhos. Você deseja vencer, deseja tornar-se um campeão na escola da vida, por isso, *planejamento* e *organização* são imprescindíveis. Tudo é importante. A execução de cada detalhe tem de ser exata. A menor das falhas pode transformar-se em um grande insucesso. "São as pequenas rachaduras que afundam os grandes navios", dizia-me um amigo.

- *Dedicação total*, de corpo e alma, mente e coração, garante grande parte do aprendizado proposto. Você tem de "entrar de cabeça", mergulhar decididamente nas águas que o desafiam. Seu braço não pode esmorecer nem cansar. E, nadando resoluta e corajosamente, conseguirá atravessar essas águas. A margem da vitória o aguarda, seja ela próxima ou distante. Você sabe que é preciso chegar e que isso já está determinado.

"A coragem de ser responsável" anima e estimula seus desejos na conquista de novos resultados. Não importa a distância a percorrer, mas sim *estar preparado*, disposto a prosseguir na jornada diária. O próprio caminho transforma-se em objetivo. Chega-se a cada momento para, em seguida, partir novamente.

A vida é o próprio caminhar.
O ponto de chegada é apenas o prêmio final.
E assim se aprende: fazendo o caminho,
responsabilizando-se por cada passo dado.

6. O caminho é árduo

Pode parecer pessimismo afirmar que "o caminho é árduo". No entanto, a realidade diariamente o comprova. Tornar-se *proativo* – alguém que assume eficazmente sua total responsabilidade perante a vida – não é fácil. Exige atitudes transformadoras, que a maioria dos acomodados detesta ou desconhece. Assim, somente os peregrinos conscientes trilham com alegria o caminho da autorrealização.

Renúncia é uma das ferramentas a ser usada. Ela pressupõe *desapego*, consentir em abrir mão de seu conforto, desinstalar-se de si mesmo e das falsas seguranças, todas essas coisas que o ego tanto aprecia.

Aprender a tornar-se responsável requer grandeza de espírito, capacidade de doação, generosidade e um altruísmo acima dos parâmetros da mera "normalidade" da grande maioria das pessoas.

– Aonde você quer chegar, se não sai de baixo de suas cobertas quentes?

– Como progredir, sem antes jogar fora os pesados fardos de sua indiferença, preguiça e covardia?

Sacrifício é outra atitude que nosso ego detesta. Só lhe interessa coisas que sejam prazerosas, fáceis e agradáveis. O espírito divino que habita em você tem muito a fazer, uma luta constante precisa ser travada. A paz interior só é alcançada quando você consegue equilibrar essas forças conflitantes.

É preciso, por assim dizer, "subjugar" esse ego insaciável para que o Eu Superior assuma o controle da vida.

– Responsabilidade para quê? – pergunta nosso ego desinteressado.

– Renúncia e sacrifício em nome de quê?

– Deve haver um atalho a esse caminho tão longo e árduo – sugere-nos ele.

Grandes indivíduos forjaram sua personalidade ouvindo a voz do espírito. E ele nos guia, muitas vezes, por veredas estreitas, desafiando nossa coragem e até mesmo a ousadia de superarmos obstáculos. É nos penhascos mais íngremes que as flores mais bonitas e viçosas desabrocham. Castigadas pelos ventos e intempéries, elas despertam sua força interior, como o herói que a si mesmo encanta pela bravura de sua alma.

Você é convidado a fazer parte desse grupo de vitoriosos anônimos, dessas almas especiais, capazes de trilhar, com generosidade e bravura, os árduos caminhos da responsabilidade pessoal e social.

Seu nome merece ser escrito com letras douradas no livro dos escolhidos. Você irá vencer e, assim, será coroado. Os louros são de quem os conquista, com suor e por mérito, e não de quem os deseja.

Siga seu caminho.
O pódio o aguarda.

7. O caminho é bonito

Apesar de o caminho da construção de uma personalidade responsável ser longo e árduo, ele é também extremamente *bonito*. Faz sua vida adquirir um novo sentido, mais efusivo e gratificante, e influencia a história de muitas outras pessoas que caminham com você. Sente-se útil, capaz de interagir poderosamente com os outros, visando ao bem-estar de todos.

Tornar-se responsável faz você ser cada vez mais *consciente* de suas escolhas. As decisões tomadas partem de uma reflexão madura e não apenas de impulsos reativos em momentos de tensão. Você agora sabe o que realmente quer e assume integralmente os riscos e as consequências. Assim, é claro, também consegue glórias e conquistas.

Se um jogo está sendo disputado, a expectativa da vitória o acompanha sempre, antes mesmo de pisar em campo.

O caminho é bonito porque faz você evoluir. Seu objetivo é *crescer*, tornar-se cada vez mais maduro, com uma personalidade forjada na têmpera da disciplina e da luta e capaz de transformá-lo em uma pessoa de extraordinários valores. Seu caráter – marca registrada sua – precisa fortalecer-se cada vez mais, mostrando ao mundo sua rara beleza, como uma pedra preciosa habilmente lapidada.

Aos poucos você adquire um sadio *orgulho de si*, sabendo-se capaz de superar etapas, vencer e firmar-se na vida. É, então, prazeroso sentir-se de bem consigo mesmo, ainda que isso exija abnegação e sacrifícios que, à primeira vista, possam parecer demasiados.

Você tem o prazer de cumprir integralmente suas tarefas, executar seus projetos, realizar seus mais ousados sonhos.

A alma de campeão é estimulada diante de seus propósitos, levando-o a sucessivas e merecidas vitórias. Este é o caminho que o dignifica e enobrece. E você sabe muito bem que o preço que se paga é equivalente ao valor do mérito conquistado. Nada lhe parece insignificante e indigno de atenção. Afinal, você está treinando para ser, diariamente, mais e mais responsável.

> A *alegria* é sua companheira de jornada.
> O *otimismo* é força que impulsiona.
> A *esperança* é luz que o mantém seguro.

O caminho é longo, árduo e emocionalmente bonito. É a aventura de uma vida repleta de cores, brilho e excitação. A "coragem de ser responsável" o faz se sentir feliz e realizado.

8. As vítimas da reatividade

Há muitas pessoas totalmente diferentes do estilo aqui proposto. São aquelas que só se preocupam com a distância a ser percorrida, com o esforço que precisarão empreender. Concentram-se nas dificuldades, nas intempéries, nas incertezas que deverão vencer e se esquecem de observar a beleza da paisagem, desprezam a emoção de contemplar um novo horizonte, não conseguem sentir prazer algum na jornada.

Estamos diante de pessoas que sofrem da "síndrome de vítima", eternas lamurientas e injustiçadas pela vida. Em nada progridem, com nada se alegram, com nada se gratificam.

As pessoas *insatisfeitas, frustradas, reativas* são impulsivas, temperamentais, guiadas pelas reações automáticas do seu inconsciente, que assim está condicionado. Em raros momentos de autoconsciência questionam a si mesmas, e, quando fazem isso, é com o objetivo de procurar justificativas plausíveis para uma vida tão amargurada.

– Sou assim por causa das heranças psicogenéticas que recebi.

– Meus pais e avós são os grandes responsáveis por eu ser assim.

– A educação que recebi me condicionou, não consigo mudar.

– Sou assim em razão do ambiente que frequento, do lugar onde nasci, da sociedade em que vivemos. Que culpa eu tenho?

– Tive uma infância difícil, com situações adversas e circunstâncias pouco favoráveis. Foi uma triste sorte a que o destino me reservou...

Coitadinho! É mesmo de dar pena!

Você quer saber seu grau de reatividade? Continue refletindo comigo e descobrirá a presença ou não de traços que caracterizam as pessoas reativas.

- Uma pessoa é reativa na medida em que, normalmente, são os *outros* que levam a culpa de seus fracassos, sejam eles amorosos, financeiros ou esportivos... Há sempre um culpado que a inocenta.

- Suas reações são instintivas, temperamentais, abruptas e descontroladas, pois o inconsciente – mal programado – a dirige.

- A pessoa é afetada pelo ambiente, pelo mau ou bom humor dos outros, pelo clima, ou por qualquer circunstância adversa que ocorra em seu dia a dia.

- *São os sentimentos que regem suas reações.* Suas atitudes são inconscientes e contraditórias: a pessoa muda de acordo com os ventos que sopram suas águas emocionais. Se o mar está calmo, ela segue facilmente, mas, se está agitado, sente-se incapaz de se controlar. Fica à deriva, ao bel-prazer de seus derrotismos.

- Seu humor é invariavelmente instável, eivado de pessimismo e queixumes. Nada consegue lhe agradar. No fundo, nem ela mesma se suporta.

Queira Deus que você reconheça em si
apenas alguns desses traços!
E, se persistirem,
tomara que consiga eliminá-los!

9. Proatividade e sucesso

Isso mesmo! Seu azar ou seus fracassos diminuem ou deixam de azucrinar sua vida à medida que toma atitudes positivas, conscientes e proativas.

A *proatividade* é a resposta para a adoção de um novo paradigma: uma nova postura, uma crença fortalecedora, um impulso dinâmico em prol da responsabilidade.

- A pessoa proativa se torna *consciente*, monitora seus pensamentos, sentimentos e ações.

- Escolhe as próprias respostas e *assume a responsabilidade* por tudo o que faz ou deixa de fazer.

- Age com base em seus *valores*, e são eles que a guiam em suas decisões.

- É dinâmica e ativa, assume o controle da própria vida e, quando precisa, *toma a iniciativa* por mudar o que não está dando certo.

Em resumo, as pessoas proativas fazem acontecer, assumem integralmente suas ações, buscam alternativas, criam soluções.

Como agentes da própria história, elas são ousadas e otimistas. Vivem com entusiasmo cada etapa da vida, quer seja fácil ou penoso prosseguir. São, por natureza, vencedoras.

Há muitas situações que fogem ao nosso controle direto, e a proatividade pode nos ajudar a aceitar o inevitável, fazendo com que procuremos tirar lições disso. Enquanto os reativos simplesmente se conformam, lamentando os fatos que a má sorte lhes reserva, os proativos aprendem, crescem e transformam dificuldades ou eventuais fracassos em poderosas ferramentas de sucesso.

Aliás, proatividade tem tudo a ver com saúde, prosperidade e bem-estar. Enquanto o reativo se queixa e sente-se incapaz, o proativo constrói seu futuro com brilhantismo. "O que nos fere não é o que acontece conosco, e sim nossa reação a isso", ensina-nos Stephen Covey.[1]

Mesmo sendo proativos, continuamos influenciados por estímulos externos: pessoas, fatos, ambientes, num primeiro momento, podem atingir-nos. Somos nós, porém, que decidimos como posicionar-nos diante disso. A liberdade de interpretação é nossa e ninguém pode usurpá-la de nós.

Somos nós que damos o colorido, o significado e a importância que os fatos merecem. Somos os únicos capazes de *pensar* – um instante que seja – *antes* de a resposta ao estímulo ser apenas uma reação automática.

Você se encaixa nesse perfil?
Então, prossiga! Este é o caminho.

---

[1] COVEY, Stephen. *Os 7 hábitos das pessoas altamente eficazes*. São Paulo: Best Seller, 1989.

10. A honra da palavra dada

Pessoas responsáveis prezam a palavra dada. Não precisam ser coagidas a assinar documentos ou promissórias. A ética e os valores dessas pessoas – forjados ao longo dos anos – dão-lhes a solidez e a firmeza que garantem a respeitabilidade de suas ações.

Desrespeitar a palavra empenhada vai contra todos os seus princípios. É uma questão de honra e retirá-la seria desmerecer a própria personalidade, diminuir-se diante de si e dos outros, transformando sua atitude em gesto vergonhoso e de mau-caratismo. Isso é incompatível com quem tem a coragem de ser responsável em tudo e em todas as ocasiões.

Não há meio-termo
no jogo da honestidade e da justiça.
Ou a pessoa é confiável, ou simplesmente não é.

– Você costuma falar levianamente, sem se dar conta da carga de responsabilidade que suas palavras carregam?

– Diz e desdiz com a mesma facilidade, como se sua linguagem não o condenasse?

Lembre-se: cada palavra carrega sua própria energia. Às vezes, ela atormenta. Em outras, cria harmonia. Às vezes, desqualifica. Em outras, eleva. Assim como derruba, pode também levantar. Pode matar, pode ressuscitar. Uma vez pronunciada, não mais retorna à boca. Volta-se contra nós ou se posiciona a nosso favor. É semente: germina o inço ou faz crescer a flor.

– E sua palavra, que energia ela carrega, que solidez ela tem?

– Você se inquieta com certas coisas que diz?

– Sua palavra é firme, confiável?

Diante de tudo que você diz ou faz, sua *honra* está sempre em jogo. Seu nome é mérito construído, e os outros irão dar-lhe o valor que você mesmo lhe empresta.

Palavra dada é você. É sua "assinatura diária". É a voz que sua consciência ouve e que Deus tem o prazer de carimbar, como se dissesse: "Sim! Dou fé. É verdadeira".

11. Compromissos assumidos

Assim como a "palavra dada", os *compromissos assumidos* também são uma questão de honra. Falhar, omitir-se, fugir, representam atitudes inadmissíveis para quem se preza, para quem faz de sua autoimagem e autoestima os pilares de seu relacionamento social.

Comprometer-se é responsabilizar-se. Pessoas que levam esse lema a sério possuem pelo menos algumas das seguintes características: sólida estrutura de caráter, coragem de ser honesta consigo e com os outros, ousadia de ser íntegra e verdadeira...

Aos olhos dos reativos, pessimistas e fracassados, isso representa uma tarefa gigantesca, talvez irrealizável. Para os construtores da própria história, porém, se o compromisso foi assumido é porque se trata de uma missão perfeitamente factível.

- *Compromissos com a família:* os laços de amor são construídos. Cônjuges e filhos, pais e irmãos, todos estão ligados pelos laços familiares – amarras sagradas que o amor e o sangue forjaram. E essas amarras são divinas e indissolúveis, assim como a própria Palavra de Deus.

- *Compromissos sociais:* somos parte de um povo, de uma comunidade e, por isso, temos a responsabilidade de nos empenharmos em sua construção, quer seja social, religiosa ou cultural. Isso faz de nós pessoas motivadas, engajadas com o nosso próprio bem-estar e também o dos outros, preocupadas com as necessidades alheias tanto quanto com as nossas.

- *Compromissos políticos:* com ou sem filiação partidária, a *política a todos compete.* Zelar pelo bem público, administrar os recursos em favor do bem-estar de todos – eis o que é fazer a verdadeira política. Votar é apenas parte do compromisso, mas uma parte importante para quem espera por mudanças protagonizadas por mulheres e homens dignos, merecedores de nossa confiança. É também forma de protesto contra roubalheiras e falcatruas. E quem vota conscientemente assume a responsabilidade de ajudar a governar sua cidade, seu estado, seu país. É um poder sagrado, do qual não podemos nos esquecer.

- *Compromissos profissionais:* pela grande importância que representam, serão abordados detalhadamente no próximo capítulo.

Você percebe como é amplo esse leque e que abri-lo integralmente requer um engajamento sempre maior?

12. Profissão e responsabilidade

Num país em que milhões de pessoas vivem desempregadas e tantas outras sobrevivem com a ajuda de programas assistenciais, ter emprego ou profissão autônoma é, sem dúvida, "uma dádiva dos céus".

Nem todos honram ou se dão conta da responsabilidade que isso implica. Poder contribuir para o desenvolvimento da coletividade e, ao mesmo tempo, garantir o sustento da sua família é algo de grande valor.

- Não importa o nome nem a relevância de sua profissão, mas sim que ela seja *integralmente assumida, executada com amor e com o máximo de perfeição possível*. Tudo que é feito com coração, empenho e dedicação tem seu valor e seu reconhecimento perante as leis do universo. Nada é capaz de passar despercebido aos olhos atentos do Pai. *A lei do retorno contemplará você*. Sua medida será a medida da retribuição. E ela pode vir em dobro: contra ou a favor de você.

- *Trabalhar com alegria* é outro atributo que em muito dignifica sua responsabilidade social. O bom humor impregna tudo com seus benéficos fluidos, tornando o ambiente agradável, leve e descontraído. É bem mais fácil e melhor trabalhar assim, pois as coisas fluem e a prosperidade se incrementa, dia após dia. São as bênçãos de Deus recompensando os méritos inerentes a um trabalho dedicado e responsável. Você dá e, então, recebe. Essa é a lei da vida.

- *A pontualidade* aos compromissos assumidos é mais um ponto que soma a seu favor. Só quem é responsável com relação a si mesmo – exigindo o melhor de si – consegue ser responsável pelo tempo dos outros. Atrasar-se, deixar alguém a sua espera desnecessariamente, é falta de respeito. E isso vale para todos, independentemente da posição que ocupa. Lembre-se: o tempo é você que faz. Administre seus afazeres. Um mínimo de corresponsabilidade, para um máximo de satisfação. Esta é uma regra de ouro, a sabedoria da boa convivência.

Profissão e responsabilidade conjugam-se como a terra e a água: absorvem-se, fundem-se, fazendo germinar as sementes do progresso, da união e do desenvolvimento pessoal e social. Como a água é absolutamente indispensável para que a terra produza, assim também a *responsabilidade* transforma a profissão em compromisso altamente gratificante, tanto para si como para a sociedade.

Exerça-a. Os frutos serão recíprocos e abundantes.

13. Corresponsabilidade inevitável

É impossível viver isolado. Tudo na vida se interliga, é interdependente. Há uma *corresponsabilidade inevitável* no universo.

A omissão ou a indiferença certamente prejudicará alguém próximo ou distante. Ao contrário, a energia positiva de uma pessoa participativa a todos favorece, ainda que indiretamente. É como as Bolsas de Valores ao redor do mundo, que se influenciam umas às outras, ou o bater das asas de uma borboleta, que produz brisa em lugares distantes.

Somos apenas uma pequena *aldeia global*, interligados como em uma teia de aranha.

Existe uma crença religiosa denominada "Comunhão dos Santos". Ela aprega um intercâmbio entre todos os seres vivos e uma ligação espiritual profunda entre os que aqui peregrinam e aqueles que compõem o mundo celestial. A terceira dimensão conectada à quarta. Assim, quem partiu ainda está presente e faz parte, conosco, desse mundo maravilhoso, uno, divino e glorificado. "Assim na terra como no céu", reafirma-nos o Pai-Nosso. Em Cristo todos estamos irmanados, sem distinção de sexo, raça ou cor.

"Um por todos, todos por um" – nunca foi tão verdadeira esta afirmação. Ou salvamos nosso planeta, ou todos pereceremos. Não há meios-termos, não há subterfúgios. É agir ou agir! E logo, o quanto antes!

A fome e o frio castigam milhões de pessoas. A falta de água potável faz adoecer nações inteiras. A natureza se mostra "irritada" com a falta de respeito e sensibilidade do ser humano. Sua ganância exploradora destrói os mais bonitos e sagrados ecossistemas.

– Até quando dormiremos tranquilos e estaremos saciados?

– Até quando as tempestades, os tufões e terremotos serão tragédias distantes, que não nos influenciam?

– Até quando assistiremos passivamente a tudo o que acontece no mundo, porque "não depende de mim"?

Os sinais estão aí, claros e proféticos. Cegos e surdos, vivemos alheios aos apelos da natureza. Respeitar para sermos respeitados, preservar para sermos preservados.

A terra está em nós. Nossa vida nela vibra, pulsa e cresce. Se ela morrer, morreremos também. Se ela viver, viveremos.

Então nada de esperar o lixo se acumular, que as encostas desmoronem, que os outros façam o que deve ser feito. É hora de acordar e arregaçar as mangas!

14. Predisposição ao fracasso

Seu estilo de vida, sua cosmovisão, suas crenças religiosas e culturais, enfim, seu modo peculiar de ver o mundo, de interpretá-lo, de interagir com ele, faz com que tenha, de certa forma, uma predisposição ao fracasso ou sucesso.[1]

Analisemos primeiro as tendências negativas que fazem alguém *se predispor ao fracasso*. Os sinais são muitos e, quando positivamente encarados, servem de alerta para corrigirmos a rota, mudar de vida, agir enquanto é tempo de rever nossas crenças. São "informações negativas" que, quando detectadas, podem nos impulsionar a crescer, a melhorar a saúde e a conquistar a prosperidade que nos está reservada como filhos de Deus.

- Quem vive *frustrado* por não conseguir realizar seus objetivos, por menores e mais insignificantes que sejam, registra um grau de *insatisfação* que vai se avolumando e pode culminar em choro, revolta, agressão – atitudes infantis, que nada resolvem.

- Sentir-se *inseguro* perante as exigências da vida, incapaz e impotente na conquista de sonhos é mais um sinal de alerta que precisa ser interpretado. Ficar angustiado, sem fazer nada para mudar as condições é candidatar-se ao insucesso.

- *O excesso de perfeccionismo*, que gera dúvidas e incertezas, é outro sintoma de quem está psicologicamente doente. Nem sempre se é tão perfeito ou inteligente quanto se gostaria de ser. Mas isso não deve nos impedir de procurar progredir, por medo de errar ou fracassar.

---

[1] MALTZ, Maxwel. *Liberte sua personalidade*. São Paulo: Summus Editorial, 1981.

- *Ficar carregando mágoas ao longo da vida* só atrapalha e condiciona quem as sente ao insucesso, pois a pessoa se torna negativa, fechada em si mesma, isolada e depressiva.

    Tais atitudes são, claramente, grandes equívocos. Aos poucos, perde-se o gosto de apreciar as coisas boas e bonitas que o dia a dia oferece. As desilusões se avolumam sempre mais gerando incerteza e estresse, como se o mundo inteiro fosse adverso.

    – Será o destino, inveja dos outros?

    – Será efeito de alguma mandinga ou azar?

    – O que se deve fazer diante dessa situação: conformar-se ou reagir?

    A decisão é sua!

15. Predisposição ao sucesso

Há um *mecanismo de vida* trabalhando constantemente em nós para que tenhamos saúde, cresçamos em idade e estatura e alcancemos os objetivos que nos propomos.

Este mesmo mecanismo inconsciente que atua em nós – dádiva preciosa do Criador – é responsável também por auxiliar-nos na formação de nossa personalidade e na transformação de nossos sonhos em conquistas diárias.

Nascemos vocacionados a ser bem-sucedidos, a menos que nossas crenças ou opções nos desviem desse caminho que Deus nos propõe. Criamos, ao longo dos anos, um *estado de espírito perdedor ou vencedor*, dependendo das experiências negativas que nos condicionam ou da força poderosa de nossa fé, que nos encaminha rumo ao sucesso.

- Você sabe o que quer e determina claramente seus objetivos. Persegue-os com tenacidade, jamais desistindo de alcançá-los. Se preciso for, corrige sua rota, retomando decididamente o foco de suas decisões. A *coragem* e a *responsabilidade* de executar tudo minuciosamente acompanham-no dia e noite. Você persiste, mesmo que haja muitos obstáculos e contratempos.

- Você *confia* em sua capacidade de vencer. Sua autoestima se reveste diariamente de roupagens novas, capaz de levá-lo a viver com otimismo, mesmo que as adversidades, vez por outra, pareçam subjugá-lo. De cabeça erguida, *enfrenta* os mais diversos desafios, criando, pouco a pouco, uma *mentalidade vitoriosa*, capaz de superar as dificuldades e reverter os problemas em soluções.

- Sua *responsabilidade social* faz com que se preocupe sempre mais com as delicadas questões econômicas e políticas. Você vive *antenado e comprometido* com as causas de sua comunidade, empenhando-se em melhorar as condições de vida das pessoas com quem convive.

- Seu espírito de *firmeza*, de *enfrentamento*, de *entusiasmo* pela vida é contagiante e faz seus amigos orgulharem-se de você, cidadão engajado, altruísta e progressivo. Seu sentimento de êxito – diariamente cultivado – impulsiona-o a novas conquistas, a resultados sempre mais promissores.

Um sentido mais profundo da vida, com os olhos voltados para horizontes transcendentes, onde Deus o convida a comprometer-se com si mesmo e com a própria humanidade, renova corajosamente seu *espírito de empreendedor cristão*. Um mundo sem Deus transforma-se facilmente em capitalismo selvagem, em ganância desenfreada e voraz. Sua consciência o alerta disso e lhe mostra que é impossível compactuar com posições ideológicas desumanas e exploradoras, sem que você levante sua voz profética em denúncia de tais aberrações.

Quem é próspero, saudável e feliz deseja que as demais pessoas também o sejam. Um sonho ousado, intrigante e desafiador, que homens e mulheres bem-sucedidos acalentam no coração. Parabéns por ser um deles!

O mundo precisa muito de pessoas assim, como *você*.

16. Nossa vida é feita de escolhas

Nunca é demais lembrar que *somos o resultado de nossas escolhas*. Nossas opções passadas escreveram nosso presente, assim como, amanhã, seremos fruto daquilo que hoje decidirmos.

Isso é óbvio. "Já estou cansado de ouvir isso", alguém poderá dizer. Contudo, essa "liberdade" é bastante questionável. Somos limitados, estamos presos a costumes e leis, condicionados a certas normas que introjetamos. Sendo assim, onde está esse livre-arbítrio, tão apregoado pelos mais otimistas e liberais?

Somos, sim, condicionados. Há, no entanto, um grau de liberdade mental que nos permite decidir se aceitamos ou não as situações cotidianas da vida.

A *liberdade* de interpretar os fatos e as circunstâncias da vida, dando-lhes *um significado próprio, somente seu*, é algo que ninguém – absolutamente ninguém! – pode tirar de você. E aí reside, em última análise, o poder de mudar sua história.

Fazemos muitas coisas inconscientemente e, da mesma forma, colocamos em execução as nossas escolhas diárias. Vivemos no "piloto automático", levados pela correnteza da vida, sem nos preocuparmos em reagir, em fazer nossas próprias e específicas opções. Mesmo assim tomamos decisões. *Conscientemente ou não, estamos sempre fazendo isso.* Não fazer nada – quando necessário – também é optar.

Omitir-se é um jeito irresponsável que inventamos para fugir de nossos compromissos, levados pelo comodismo ou por medos que nos impedem de assumir plenamente nosso papel de cidadãos engajados. E ficamos com a consciência tranquila, criando nossas próprias justificativas para inocentar-nos perante nós mesmos e a sociedade.

Uma vida assim é feita de omissões e subterfúgios, de apatia em relação aos seus deveres e responsabilidades familiares, profissionais e sociais. A pessoa se torna, então, cada vez menos participativa, enclausurada em seu egoísmo excludente.

Conscientizar-se de suas escolhas é o que há de mais urgente a ser feito em termos de amadurecimento da personalidade. A vida consiste em uma construção diária, e isso é uma tarefa ao mesmo tempo fascinante e séria, que não comporta quaisquer desculpas ou leviandades.

Viver nos desafia a usufruirmos nossos dias com qualidade e dedicação, fazendo-nos saborear muitos anos recheados de realizações e conquistas. *Viver é escolher.* Viver melhor é escolher com sabedoria.

Tornar-se sábio é uma opção de vida.
Você pode agora mesmo fazer a sua.
Seja feliz!

17. Cem por cento responsáveis?

Seria bom se fôssemos cem por cento responsáveis! Normalmente nos contentamos, principalmente com relação às relações amorosas ou conjugais, com cinquenta por cento, deixando o restante da responsabilidade para a outra pessoa. Assim, se cada um cumprir com sua parte, alcançar-se-á a porcentagem desejada.

É dessa maneira que raciocinamos e nos justificamos. No entanto, quem disse que é realmente assim?

Na partilha da responsabilidade que cabe a cada um na construção da vida familiar ou conjugal, executar integralmente as tarefas – como se tudo dependesse apenas de si mesmo – é um princípio que deve nortear qualquer relacionamento que se pretenda feliz.

Se cada um fizer sua parte, cem por cento, não existirão quaisquer motivos para acusações mútuas, um não irá esperar que o outro se encarregue da metade que deixou de ser feita. Se ambos agirem cem por cento em relação aos filhos e ao amor, terminarão também as cobranças que normalmente acontecem e que tantas mágoas despertam.

Assim também se põe fim ao *jogo de poder* que se esconde atrás de cada tentativa de exaltar-se e diminuir o outro, à ladainha de reclamações e atritos que arranham os sentimentos de admiração e estima que antes alicerçavam o amor:

– Por que sou eu quem mais se interessa?

– Por que sou sempre eu que toma a iniciativa em tudo?...

– Por que você se omite e joga toda a responsabilidade dos fracassos em minhas costas, como se nada tivesse a ver com os fatos?...

— Assim não dá mais, cansei de carregar o fardo sozinho!...

E em *termos profissionais*, você se sente cem por cento responsável pelas atividades que lhe foram designadas? Veste a camisa como se fosse o time do coração entrando em campo, e você, um dos atletas escalados para o jogo? A luz que você apaga, o lixo que deposita no local correto, a limpeza que mantém, o ambiente agradável que ajuda a construir – tudo isso o torna importante e cem por cento responsável pela saúde financeira da empresa que é sua ou pela qual trabalha.

A cidade é espelho de seus cidadãos. O descontentamento das pessoas com as políticas públicas também é responsabilidade sua – de seu voto consciente em representantes dignos, de sua participação ativa na comunidade. Quanto mais politizado for um povo, mais seus administradores sentir-se-ão responsáveis pelo bem da coletividade. Quanto mais omissos forem os cidadãos, mais falcatruas e roubalheiras ocorrerão no governo por eles eleito. Um povo que esquece em quem votou, que não cobra atitudes mais honestas e comprometidas de seus representantes, não pode lamentar-se de sua estagnação econômica nem dos salários defasados.

Já imaginou – ou será mera utopia? – uma nação em que todos se responsabilizem por todos; uma família em que os filhos, desde pequenos, colaborem com as tarefas domésticas; um casal que partilhe cem por cento seu amor, seus compromissos e votos do casamento? Este é um *mundo possível*, porque é um *sonho possível*. Um sonho maravilhoso, que vale a pena perseguir. Um sonho tão bonito que apenas nos deixa *uma* alternativa: realizá-lo!

Você e eu, todos devemos nos empenhar na construção de uma vida mais corresponsável e altamente gratificante. Se o mérito for nosso, as glórias também o serão. Daí, poderemos dizer: "Mais um sonho realizado!".

18. Se os outros podem...

A Programação Neurolinguística (PNL) é uma técnica altamente eficaz que se propõe a fazer com que alguém seja bem-sucedido. De acordo com essa técnica, *pensando*, *falando* e *agindo* como determinada pessoa, você introjeta seus valores e expressa suas atitudes. Torna-se "discípulo", aprendiz das ideias e dos sonhos da pessoa que o inspira.

Você não pode ser igual ao mestre, mas pode conseguir os mesmos resultados que ele. Seguindo os mesmos "passos internos" que o animam, executando cem por cento os "passos externos" através dos quais ele se expressa, você começa a absorver suas estratégias de realização. Assumindo a responsabilidade de edificar sua vida, obtém coragem para superar as múltiplas diversidades que se opõem aos seus projetos pessoais ou profissionais.

Por isso, é importante selecionar as pessoas com as quais convivemos e que permitimos que nos influenciem, que nos inspiram a seguir seus exemplos.

– Quem são seus amigos? Quais as crenças que orientam a vida deles? Acreditam na vitória, na possibilidade de vencer obstáculos, encontrar soluções, criar resultados favoráveis? São proativos, dinâmicos, otimistas, capazes de descobrir caminhos onde outros nada veem? Estão dispostos a desbravar os horizontes mais longínquos, sem medo de não conseguir alcançá-los?

– Quem são seus modelos, as pessoas que o inspiram? O que elas profetizam? Têm discurso motivador, inflamam os corações, arrastam os ouvintes a segui-las? São fortes e comprometidas? Acreditam no poder da transformação? Têm coragem e vitalidade? São coerentes, suas atitudes confirmam seu discurso e suas crenças?

– Como você se comporta com seus amigos e com seus modelos de inspiração? Você *é* o que pensa, o que diz, o que faz? É honesto e íntegro consigo mesmo e com os outros? É confiável e reconhecido por seu exemplo?

Na dúvida acerca de seguir os passos de um homem ou uma mulher, ainda que sejam pessoas de comportamento e atitudes exemplares, podemos tentar imitar o *Mestre dos mestres*, aquele que viveu entre nós e teve sonhos de infinito em cada palavra e ação que praticava. Na coragem e na responsabilidade não há quem vença Jesus, o Cristo, enviado pelo Pai. Foi fiel até o fim na persistência em alcançar seus objetivos, indo ao extremo de todos os limites. Morreu por nós, para honrar sua palavra. Ressuscitou para confirmar sua verdade.

Lembre-se:

- Atitudes vencedoras se adquirem.
- Aprende-se a ser campeão.
- Você pode espelhar-se na disciplina e na perseverança que caracterizam os heróis, ainda que eles sejam desconhecidos.

Horizontes mais amplos estão a sua frente.
Persiga-os!
Você também pode!

19. Problemas *versus* responsabilidade

As situações diárias da vida, às quais chamamos de "problemas", poderiam ser mais brandas, se não as interpretássemos tão negativamente. Nosso inconsciente acostumou-se a relacionar dificuldades e obstáculos à palavra "problema", exatamente por considerarmos assim as questões de difícil solução. Mas elas poderiam ser menos complicadas, se emocionalmente não as carregássemos com cores tão escuras e pesadas.

Você já deve ter dito ou ouvido coisas como:

– Não sei o que fazer.

– Meus problemas são praticamente insolúveis.

– Se consigo resolver um problema, logo aparece outro.

– Viver é complicado demais.

– Estou sem forças para reagir.

A responsabilidade de sermos os *administradores de nossa própria vida* – e não meros joguetes ao bel-prazer do destino – desafia-nos a criar coragem. Desafia-nos a encarar as circunstâncias adversas que nos amedrontam ou desanimam e a decididamente resolvê-las, sem fugir, sem protelar, sem falsas justificativas.

- *Soluções precisam ser criadas*, porque é nelas que estão as respostas procuradas.
- *Crenças precisam ser modificadas*, porque novos paradigmas oferecem uma cosmovisão mais ampla e renovada, traçando um mapa atualizado de um velho território.

- *Atitudes corajosas precisam ser assumidas*, porque unicamente a determinação de vencer leva a conquistas sempre novas.

A vida exige constantemente respostas. Ela é feita de buscas e inquietações, perguntas e mais perguntas que a finitude humana desperta em nosso inquieto coração. Somos intrinsecamente limitados por nossos frágeis conhecimentos, mas, ao mesmo tempo, temos um coração insaciável que nos lança em busca do infinito, num voo sem limites.

Só Deus é nosso limite. Nele, nossas perguntas se aquietam e nosso espírito descansa.

A tentação de omitir-nos, de nos fazermos de vítima e de injustiçados pela sorte precisa veementemente ser combatida e rejeitada, assim como tudo que nos diminui em nosso estado original de filhos de Deus e nos paralisa no alcance de nossas metas. Tudo que não se enquadra em nosso perfil de mulheres e homens criados para evoluir, aperfeiçoar-se, prosperar, viver com saúde, amor e paz de espírito precisa ser debelado.

Somos verdadeiramente felizes, autênticos e realizados na medida do cumprimento integral de nossas responsabilidades espirituais e materiais. Nossa alma anseia pela perfeição divina. Problemas diminuem e são solucionados à medida que assumimos nossa responsabilidade de forma sempre mais dinâmica e atuante, engajada e consciente.

*O mundo de hoje precisa
de homens e mulheres
realmente comprometidos.*

20. Um novo estado de espírito

Viver comprometido com a transformação da realidade para elevá-la a um estágio superior, livre e desenvolvido, depende de um *novo estado de espírito*, capaz de *vislumbrar respostas* às necessidades sociais, antes mesmo que os menos favorecidos as implorem. Consiste em estar em alerta permanentemente, monitorando os anseios que brotam dos corações mais humildes, de certa forma conformados a viver uma vida limitada e rudimentar.

Você cria seu estado de espírito. Ele não nasce com você. Seus pensamentos, constantemente repetidos, seus sentimentos e emoções carregados de energia negativa ou positiva, seu modo peculiar de ver e interpretar o mundo: tudo se conjuga de tal forma que um determinado estado mental se instala em você, organizando sua vida de acordo com esses parâmetros.

Quando você passa a refletir sobre a importância de ser responsável e engajado na busca de soluções capazes de responder às mais difíceis situações, registra em sua mente esse novo compromisso com a vida e, pouco a pouco, nasce em você a mentalidade de homens e mulheres totalmente voltados ao bem comum. Dessa forma, seu pequeno mundo vai se abrindo e seus olhos se tornam extremamente altruístas, passando a enxergar mais além e fazendo seu coração sentir o que antes não sentia.

A responsabilidade por um mundo melhor, por um planeta menos poluído, por um ecossistema com águas limpas, fauna e flora preservadas, é assunto que lhe diz diretamente respeito. Você também é responsável por tudo isso. Uma *nova consciência* brota de todos os cantos e um coro de vozes ecoa em uníssono: *é preciso salvar a Mãe Terra*, ameaçada pela ganância destruidora dos seres humanos. Somos nós – animais "racionais" – os únicos que ameaçam sua sobrevivência. Todos os demais seres vivos convivem em perfeita harmonia, sem poluir nem destruir.

É lastimável que os seres humanos possuam uma consciência tão pouco apurada e comprometida. Está na hora de aprender com base no exemplo desses seres vivos que respeitam a vida que os faz subsistir. Ainda há tempo para salvar o planeta, se cada um de nós fizer a sua parte.

21. O papel da fé na coragem de assumir

Há momentos na vida em que nossas energias – meramente humanas – tornam-se frágeis e insuficientes. Mesmo que apelemos para a força do herói que habita em nosso coração, ainda assim os medos e as inseguranças nos invadem e parecem nos derrubar.

Situações de extrema angústia podem se apoderar de nós:

– Uma doença que a medicina ainda não consegue curar.

– Um familiar que não consegue deixar o vícios das drogas.

– Um filho que não consegue ingressar na faculdade ou ser aprovado num concurso.

– A morte trágica de um ente querido, que abala os alicerces de toda a família.

– Assaltos, sequestros, separações, estiagem ou enchentes, desemprego, dívidas...

O desespero passa a nos rondar, sugerindo-nos "saídas" nada condizentes com nossos princípios e valores morais, e um terrível conflito se instala em nós. Sentimo-nos fracos, impotentes, desanimados e não conseguimos enxergar soluções. É como se uma espessa nuvem, sombria e ameaçadora, cobrisse inteiramente nossa visão interior.

– Agarrar-se a quem?

– Como vislumbrar a luz no final do túnel?

– De onde tirar forças para levantar a cabeça e prosseguir?

Sempre haverá problemas a serem resolvidos, circunstâncias aflitivas pelas quais teremos que passar. Mas a intensidade e o poder devastador dependerão de nossa interpretação dos fatos e da coragem de assumir e correr riscos para resolver situações aparentemente insolúveis.

Dependem, portanto, da *fé* que tivermos. A *fé* é o que nos socorre, nos mantém de pé, nos dá força e alento necessários para acreditar, para ter esperança. *A fé em si mesmo* – nas próprias capacidades, que são bem maiores do que normalmente imaginamos. A *fé em Deus* – de quem nos vem toda a luz, toda a força e todo o poder.

Em Deus tudo tem solução!

- Com ele, conseguimos levantar a cabeça.
- Curamo-nos de doenças "incuráveis".
- Livramo-nos de todo e qualquer problema.
- Decidimos viver, mesmo que a tentação de desistir de tudo persista.

Em Deus tudo podemos!

- Tornamo-nos mais conscientes, felizes e responsáveis.
- Dele vêm o *espírito de fortaleza* que nos anima, *a luz* que ilumina nossos passos, a *coragem* de prosseguir, contra tudo e contra todos.

"Se Deus é por nós, quem será contra nós?
Em tudo, somos mais que vencedores,
graças àquele que nos amou"
(cf. Rm 8,31b.37).

Este é o caminho a seguir.
Confiante em Deus, prossiga feliz...
Rumo à vitória!

Sumário

Introdução 5

1. Nossos medos, nossas fugas 9

2. As respostas que a vida exige 11

3. Responsabilidade número um 15

4. O eterno adiamento 17

5. O caminho é longo 19

6. O caminho é árduo 21

7. O caminho é bonito 23

8. As vítimas da reatividade 25

9. Proatividade e sucesso 27

10. A honra da palavra dada 29

11. Compromissos assumidos 31

12. Profissão e responsabilidade 33

13. Corresponsabilidade inevitável 35

14. Predisposição ao fracasso 37

15. Predisposição ao sucesso 39

16. Nossa vida é feita de escolhas 41

17. Cem por cento responsáveis? 43

18. Se os outros podem... 45

19. Problemas *versus* responsabilidade 47

20. Um novo estado de espírito 49

21. O papel da fé na coragem de assumir 51